나는 내가 낳는다

한 국 대 표
명　 시　 선
1　 0　 0

유　 안　 진

나는 내가 낳는다

시인생각

■ 시인의 말

시와 시인

　내게서 詩는 거짓말로 참말하기이며, 언어경제학적 언어예술言語藝術이며, 동시에 연가戀歌 아니면 애가哀歌이다.
　따라서 내게서 시는 우리 어머니들이 사용해온 일상생활 화법 자체가 반어법反語法이어서, 자연스럽게도 시는 일상생활상의 화법 자체인 반어법의 거짓말로 참말하기 그대로를 시적 기교라고 본다.
　가장 간결한 절차탁마의 언어예술로서, 그림 음악 무용 등 모든 예술 장르의 최고경지를 "시적이다"라는 영예를 시에다 부여하고 있다. 그만치 인간 삶에서 가장 절실한 연가이고 동시에 애가가 되어왔으니, 마치 아리랑이 모든 연가와 애가의 포괄적이고 함축적인 시의 대명사이듯이, 사랑은 늘 이별과 함께 시로서 노래 되어왔고, 삶도 죽음과 함께 시로서 노래 되어왔다. 따라서 이별도 사랑노래이고 죽음도 삶의 노래가 되어, 태어나는 아리랑이 되고 있다는 것이 우리 시대의 시에 대한 나의 소견이기도 하다.

우리의 속언에 '지는 것이 이기는 것'이라는 갈등해법의 표현대로, 시인은 늘 지는 것으로서 이기려 시도하는 어리석은 자이다. 물론 이기려 하되 시로서 이기기를 바라는 어리석음을 노리고 자초하려 들기 때문이다. 따라서 내게는 시인론도 "지는 것으로 이기는 자"가 되지 않을 수 없다.

여기 독자가 쉽게 읽고 저절로 기억되어 아무 때나 입안에 굴러다닐 수 있기를 바라면서, 비교적 쉽게 읽힐 수 있는 50편을, 48년간의 나의 시력 중 총 16권이 되는 신작시집 중에 골라냈다. 모쪼록 시의 보편화 일상화를 기대하여 시도한 이번 시선집 시리즈가 독자의 기대에 부응하게 되기를 바라마지 않으면서, 기획을 담당하신 이근배 시인과 책으로 만드느라 수고해주신 권혁상 시인의 수고에 감사 인사를 대신한다.

2013년 새봄에
유 안 진

■ 차 례 ─────────── 나는 내가 낳는다

시인의 말

1

만능열쇠 13
바위 14
절대스승 15
피뢰침, 죽을힘으로 산다 16
밤의 계절 18
맨발 19
겨울소식 20
휘파람을 불어다오 21
자화상 22
현재 24
만행 25
가을만이 안다 26

한국대표명시선100 유 안 진

2

장승　29

옛날 애인　30

남의 이름처럼 불러본다　31

가을에는 날마다 떠나간다　32

휘파람새　33

떡잎　34

동행　35

꽃　36

프러포즈　37

계란을 생각하며　38

사리　39

조금만 덜 용서해 주시기를　40

3

나는 내가 낳는다　43
가야, 보랏빛 왕조　44
달밤, 삼국유사의 세상　45
노랑말로 말하다　46
가을 타고 싶어라　47
엉겅퀴꽃　48
다보탑을 줍다　49
역사책을 읽다　50
바다, 받아　52
혼자 놀아요　53
말하지 않은 말　54
낙엽이 낙엽에게　55
인사말　56

4

갈대꽃　59
가을편지　60
겨울목소리　61
엄마 딸이 더 좋아　62
기다림을 기다린다　63
명동에서　64
가을안부　65
성덕대왕신종　66
필요충분조건으로　67
춘천은 가을도 봄이지　68
눈이 내려 녹습니다　70
청양고추　72

5

문병 가서　75
이력서　76
삼척 해변역　78
섬진강 물비늘역　79
강촌역　80
가을역　81
철길은 오늘도 따라오라고　82
산정호수역을 아시는가?　83
서울역, 그 이름만으로도　84
전설로 가는 열차　85
하행선은 고향열차　86
간이역은 모두가 고향역이라　87

유안진 연보　88

1

만능열쇠

오랫동안
황홀한 거짓말이었는데
눈물보다 기도보다
손발이라 하네

잘. 잘못 판단보다 상위법上位法이라 하시네
신神의 정의正義라 하시네
만능열쇠라 하시네
사랑이야말로.

바위

풀버러지 목숨들 아우성소리
자욱이 더께 낀 귓전에 얼핏
천 년에 한 번 핀다는
만다라의 소문 천둥벼락소리

바람결에 듣고
바람에 걸려 넘어지며
바람에 떼밀려왔노라 여기까지

소망은 세월이 되고 신앙이 되고
자기마저 잊은 무아가 되어
가고 있노라 어디인지는 몰라도
바람 그치는 그곳까지

바람꽃 피어나는 석불로 앉기까지
잠재울 수 없어라 나의 바람은.

절대스승

산으로 왔다
한 편의 시도 장편소설처럼 읽고 싶어서
장편소설처럼 읽어줄
시 한 편을 쓰다 죽고 싶어서
바다에 왔다

산은 산 이상으로 드높아지고
바다는 바다 이상으로 드넓어져서
저기 혼자 멍청히 서 있으면
시 한 편에다 죽음을 바치고 싶은
몽매한 기도로 무릎 꺾이고 말아

깊은 불교 반듯한 유교 그윽한 도교와 정겨운 무속을
죄다 흡수해 버리는 자연이여 궁극이여
세상에서 가장 풍요로운 것이 빈손이 되고
가장 오묘한 것도 빈손이 되는
단순화를 일러주시는 절대스승이여.

피뢰침, 죽을힘으로 산다

모든 꼭대기의 꼭대기가
몸이다, 신전이다, 제단이다
세상의 죽음을 대신 죽어주는
속죄 제물이다 제사장이다
초고압전류로 혼신을 씻느라고
혼절했다 깨어나는 죽음의 반복 끝에서
마침내 강림하는 천상의 전류
가 통과한다, 응답應答이다

어떤 외로움에도 더 외로운 외로움이 있느니라
가장 외롭지 않으면 도달할 수 없고
자장 어리석지 않으면 얻어낼 수 없는
그 높이 그 깊이는
기다리며 갈망해야 차지하는 죽음뿐이니라

삶이란 죽고 싶어도 죽을 수 없는 것
죽음보다 더 죽음 되는 것이 살아내는 것이니라
죽음 이상의 고독과 고통의 절정만이
부활의 희열을 안겨 주느니라
싸잡아 죽음이라 해버리면 억울하지 않느냐

삶이 아닌 삶도
죽음보다 더한 죽음 이상도
또한 삶이니라.

밤의 계절

이 긴긴 겨울을 어디에다 쓰랴
아아 나는 아껴 아껴 죽고만 싶네

절망을 탐하여
죽음을 무릅쓰고
눈 속을 걸어가는 늙은 짐승
죽을 자리 향하여
걸음마다 핏자죽을 찍으며 가는
나이 먹은 짐승이고 싶네

음습한 밀림 속을 동행하는
괴기스런 바람 소리
비창悲愴을 탄주하는
겨울 밀림의 겨울 깊은 밤을
밤의 계절 겨울을

죽기 위해 걸어가며
아껴 아껴 쓰고 싶네.

맨발

무엇을 신었어도
늘 맨발이었다
맨발처럼 민망스럽고
맨발처럼 당당했다

등뼈가 휘어지도록 반백년을 걷고 걸어
닳고 닳은 발바닥은 못과 굳은 티눈
발톱은 잦아지고 발가락들 일그러져
그물힘줄 앙상한 발등뿐인 내 두 발아

무엇을 신겨 봐도
아직도 맨발이다
맨발처럼 시리다 저리다
맨발처럼 쥐가 난다

겨울소식

잔치마당 굿판 같던
봄 여름 가을 차례로 다녀가고

때까치 떨군 울음
치마폭에 주워 담고
지친 듯 고개 숙여 웃도 울도 못할 참에
반가운 인기척 문득 들린 듯이
빈 하늘에서 내려오는 휘파람 소리
담장 밖을 지나가는 바리톤 솔로

눈이 내립니다
가장 겨울다운 겨울소식 맞이합니다.

휘파람을 불어다오

이 허황된 시대의 한구석에
나를 용납해 준 너그러움과
있는 나를 없는 듯이 여기는 괄시에 대한
보답과 분풀이로

가장 초라하여 가장 아프고 아픈
한 소절의 노래로
오그라들고 꼬부라지고 다시 꺾어 들어서

노래 자체가 제목과 곡조인
한 소절의 모국어로
내 허망아
휘파람을 불어다오.

자화상

한 생애를 살다 보니
나는 나는 구름의 딸이요 바람의 연인이라
비와 이슬이 눈과 서리가 강물과 바닷물이
뉘기 아닌 나였음을 알아라

수리부엉이 우는 이 겨울도 한밤중
뒤꼍 언 텃밭을 말 달리는 눈바람에
마음 헹구는 바람의 연인
가슴속 용광로에 불 지피는 황홀한 거짓말을
오오 미쳐볼 뿐 대책 없는 불쌍한 희망을
내 몫으로 오늘 몫으로 사랑하여 흐르는 일

삭아질수록 새우 젓갈 맛 나듯이
때 얼룩에 절수록 인생다워지듯이
산다는 것도 사랑한다는 것도
때 묻히고 더럽혀지며
진실보다 허상에 더 감동하며
정직보다 죄업에 더 집착하며
어디론가 쉬지 않고 흘러가는 것이다

나란히 누웠어도 서로 다른 꿈을 꾸며
끊임없이 떠나고 떠도는 것이다
멀리멀리 떠나갈수록
가슴이 그득히 채워지는 것이다
갈 데까지 갔다가는 돌아오는 것이다
하늘과 땅만이 살 곳은 아니다
허공이 오히려 살만한 곳이며
떠돌고 흐르는 것이 오히려 사랑하는 것이다

돌아보지 않으리
문득 돌아보니
나는 나는 흐르는 구름의 딸이요
떠도는 바람의 연인이라.

현재

언젠가는 고승高僧을 낳으실
대사원의 주춧돌이 될
돌부리가

그 언젠가는 만세만인의 절 받으실
아기부처님으로 태어나실
돌부리가

채이고 있다
아직도
개똥 묻은 개 발길들한테.

만행

 시영아파트 단지 내 놀이터에서 아이들의 쌈박질 시끄러운 소리가, 문득 따라 부르고 싶은 동요 같아서, 멈춰 서서 한참이나 지켜보게 되어라요

 더러는 왁자지껄 시장의 악다구니가, 고승의 설법같이 깜짝스러워요, 가슴 한복판으로 산골 개울물이 흐르는 듯이

 어느 때는 갑자기 사람들 소리 그 싫던 소음이, 헨델의 메시아, 그 중에서도 할렐루야 코러스와도 같아서, 까닭 없이 하루 내내 혼자 미소를 누리는 그런 때도 있어라요.

가을만이 안다

제 슬픔의 키만큼 다 자란 풀밭에
비가 내린다
나도 따라 울었다

이 완벽한 화음和音의 길로
가을이 오고 있다

열꽃 앓는 시인이 불러줘서
봄이 왔듯이
시인이 울어야 가을이 오는 줄을
가을만이 알 뿐이다

가을에는 귀뚜라미가 제일 멋진 시인이다.

2

장승

가다가 우연히 마주쳤으면
시대를 묻지 않는 우리네 마음과
세월을 거슬러 살고 싶은 우리네 얼굴과
세상 너머 세상에도 살고 싶은 우리네 꿈과

사람으로 사는 감당 못할 무거움을
부려놓고 싶어지는 그런 때마다
너무 찬란하여 눈부시지 않게
너무 황홀하여 까무라치지 않게
너무 착해서 고통스럽지 않게

역사와 전통의 때깔 무늬를
제 살결로 차림한 우리네 본색 그 정체正體 만나
그 곁에 나란히 서서
나와 같은 누군가를 기다려주고 싶어.

옛날 애인

봤을까?
날 알아봤을까?

남의 이름처럼 불러본다

눈가에 다크서클이 짙어질 때마다
친구를 부르듯 내 이름을 부르면
산마루 풀이파리들이 파르르 대답한다
가까운 곳 찌르레기가 멀게 대답한다
풀여치가 폴짝 나타나기도 한다
저녁하늘 기러기 떼를 보고 같이 가, 같이 가, 하면
나중에, 나중에, 한다
여울물한테 나도 가, 나도 가, 하면
오지 마, 오지 마, 한다
한밤중에 일어 앉아 내 이름을 부르면
내 목소리가 다른 사람 음성으로 대답한다
다시 부르면 또 다른 사람 목소리로 대답한다
세포 분열하듯 여러 목소리로 떠들어대다가
시끄러워 입 다물면 나 혼자가 된다

이렇게 나는 나랑 친구하고 논다
이렇게 나는 나랑 술 마시며 푸념한다
이렇게 나는 나랑 베갯머리 맞대고 누워 잔다
꿈에서도 나는 나를 제일 자주 만난다.

가을에는 날마다 떠나간다

마지막 한 마디처럼 안 잊히는 한 구절처럼
매달린 마른 잎이 바르르 떤다
발자국도 잎 향기도 무겁다

가을에는 날마다 떠나간다
가는 이 없이는 가을이 아니니까
가을을 다 가지고 가버린 다음에야
남겨지는 가을이 온다 나도 가을이 된다
거리마다 나뭇잎들 다 쓸려가고
그 많던 인파도 다 떠나가고
거리를 치달리는 바람 거슬러
걷고 걸어도 나는 남겨진다

떠나가는 가을과 남겨지는 가을은 같은 가을일까
떠나가는 웃음이 웃음일까
남겨지는 미소가 미소일까
참지 마라, 울어도 된다.

휘파람새

봄날 하루해가
다아 저물도록
어디서 뉘 부르는 휘파람 소리

애국가 4절까지 가슴 젖는 옛 곡조를……

애국하다 요절한
총각귀신 새가
일본순사 칼 맞고 엎더진 학생
절대로 죽지 않는
뉘댁 삼대독자三代獨子가

어린 목청
돋워가며
거푸 부는 휘파람.

떡잎

조용히 문門을 여는 한 왕조王朝를 본다
두 연인이 일으키는 어린 왕국王國이여

저마다의 생애는 영광과 비극의 대서사시
그 첫 장章을 기록하는 떡잎 두 쪽

봄 아지랑이 황홀한 춤 앞세워
모든 인연因緣이 움돋았건만…….

동행

살같이 빠르다는 한세월을
그대 부리가 빠알간 젊은 새요

옛 어르신 그 말씀대로
연약한 죽지를 더욱 의지 삼고

느릅나무 높은 가지 하늘 중턱에다
한 개 작은 둥지를 틀고

음악이 모자라도록 춤을 추어 살자
햇발이 모자라도록 웃음 웃어 살자.

꽃

너의 어디든 나는 빛나고 있다

녹슨 자물쇠 무겁게 걸어둔
너의 깊은 데서 등불을 켜는 사람
너의 슬픔 속속들이 파묻힌
숨긴 눈물까지를 환히 보고 있는
나의 이 아픔

가슴, 가슴의 샛길을 날며 노래하는 종지리
퍼덕이는 날개의 깃털을 쓰다듬는 나의 이 기쁨
하늘 채광採光 어리운 푸섶의 이슬같이
너의 어디든 내 눈물은 반짝이고 있다.

프러포즈

꽃이여
너의 잠 속에 나를 부르면
나는 나 이상이 되지
아무것도 아닌 내가 자랑스런 최고가 되지
너의 벅찬 꿈이 되지
찬란한 미래가 되지
너와 나를 설계하는 우리가 되지
두 쪽 떡잎 문 열리는 황홀한 신방新房
아늑하고 호젓한 꽃 대궐이 되지
새 왕국의 새로운 왕조가 탄생되지
빛나는 한 세상이 눈부시게 피어나지
향기로운 새 시대가 열리지
송이 송이로
주렁주렁 주저리 주저리로.

계란을 생각하며

밤중에 일어나 멍하니 앉아있다

남이 나를 헤아리면 비판이 되지만
내가 나를 헤아리면 성찰이 되지

남이 터뜨려 주면 프라이감이 되지만
나 스스로 터뜨리면 병아리가 되지

환골탈태換骨奪胎란 그런 거겠지.

사리

가려주고 숨겨주던
이 살을 태우면
그 이름만 남을 거야

온몸에 옹이 맺힌 그대 이름만
차마 소리쳐 못 불렀고
또 못 삭여낸

조갯살에 깊이 박힌 흑진주처럼
아아 고승高僧의
사리舍利처럼 남을 거야
내 죽은 다음에는

조금만 덜 용서해 주시기를

용서해 주시옵고 용서해 주시옵기를

지워서 잊어버려 주시옵기를

그러나 그러나
스스로를 용서해 버릴 만큼은
저절로 다 잊어버릴 만큼은
마시옵기를

조금은 남겨두시옵기를

용서 구할 거리를 또 만들지 않을 만큼은

때때로 울고 또 울 수 있을 만큼은

흐린 자국 몇이라도 남겨두시옵기를.

3

나는 내가 낳는다

누구의 유전자에도 오염되지 않은
무염시태無染始胎의 나는
내가 잉태하기로 했다
다시 태어나야 진정한 내가 될 수 있거든
나는 자궁을 가졌거든

누구의 간섭 어떤 의무도
어떤 관습에도 감시당하기 않고
어떤 규범에도 검토당하기 않는
모든 순치馴致를 거부한 나를 살며
처음부터 끝까지 나로서만 살게 될 새로운 나는
아무도 낳아 줄 수 없으니까

성스러운 사랑과 추악한 스캔들은 동전의 양면이니
성스럽지도 추악하지도 말거라
저 나가 되기 위해서는 그 나가 되기 위해서는
부디 이 나를 배반하거라
나의 태아기는 280일로는 태부족이라니
무한 기다리리라
태초의 아담보다 더 태초가의 나이기 위해서는.

가야, 보랏빛 왕조

어떻게 알았을까요
다 빼앗긴 다음에도 빼앗길 수 없는 옥음玉音을
가야의 나라님들은 (나무)가지에 걸어두었습니다

참으로 뜻밖입니다
망해도 망할 수 없는 천만년으로
뜻밖처럼 살아남은 가야입니다
가야금 한 채가 고스란히 왕국입니다

누구라 가야를 잊혀졌다 하겠습니까
궁 상 각 치 우
궁 상 각 치 우
가야국은
후렴이 눈물겹습니다
후렴이 아름다운 왕조를 차렸습니다

해마다 오월은 가야국 축제
오동나무 가지 끝에서
소가야小伽倻가 걸어나옵니다
보랏빛 꽃등에 불 밝혔습니다.

달밤, 삼국유사의 세상

밤길 가던 달이 문득 발걸음 멈췄습니다
필시 어디선가 월명月明이 피리를 부는가 봅니다

화랑들은 아직 보이지 않는데
혜성이 제 몸을 빗자루로 바꾸어 길바닥을 쓸고

바지랑대 키로 치솟은 대나무 숲 속
피리소리 자오록한 여기는
선사 일연一然의 붓끝인가 봅니다

천년 전 오늘밤은 새도록 기다린 그이가
월명이였습니까 화랑들이었스니까
두 귀에 손나발하고 천년 후의 달에게 묻습니다.

노랑말로 말하다

신문이 빈 벤치에 앉아 자꾸 손짓한다

가 앉아 펼쳐드니 은행잎들 떨어져 가린다

읽을 건 계절과 자연이지
시대나 세상이 아니라면서.

가을 타고 싶어라

벤치에 낙엽 두 장
열이레 달처럼 삐뚜름 멀찍이 앉아
젖었다 말라가는 마지막 향기를 나누고 있다

가을 타는 남자와 그렇게 앉아
달빛에 젖은 옷이 별빛에 마를 때까지
사랑이나 행복과는 가당찮고 아득한
남북통일이나 세계평화 환경재앙이나 핼리 혜성을
까닭 모를 기쁨으로 진지하게 들으며
대책 없이 만족하며
그것이 고백이라고 믿어 의심 없이
그렇게 오묘하게 그렇게 감미롭게.

엉겅퀴꽃

천년 묵은 소쩍이 쉰 목청도
한고비 잦아진 채
지쳐 잠든 사이
잠꼬대 잠꼬대로나 불러보는 이름이듯
달빛으로 크는 엉겅퀴
야담처럼 묻어나는
짙고 독한 꽃내음엔
벌 나비도 취하여 나자빠져라
도깨비불 쓰러지는 밤에만
꽃피는 엉겅퀴
수유리 깎은 돌밭에서만
꽃 진 흐르는 엉겅퀴.

다보탑을 줍다

고개 떨구고 걷다가 다보탑을 주웠다
국보 제20호를 줍는 횡재를 했다
석존釋尊이 영취산에서 법화경을 설하실 때
땅속에서 솟아나 찬탄했다는 다보탑多寶塔을

두 발 닿은 여기가 영취산 어디인가
어깨치고 지나간 행인 중에 석존이 계셨는가
고개를 떨구면 세상은 아무 데나 불국정토 되는가

정신 차려 다시 보니 빼알간 구리동전
꺾어진 목고개로 주저앉고 싶은 때는
쓸모 있는 듯 별 쓸모없는 10원짜리
그렇게 살아왔다는가 그렇게 살아가라는가.

역사책을 읽다

하도 고와서 몇 장 주워본다
하나같이 성한 게 없다
보이지 않던 셀 수 없이 많은 얼룩점과
긁히고 찢긴 자국 뚫려 패인 자잘한 구멍들까지
이 작은 잎잎이 푸르렀다 누레지다 마침내 붉어지기까지
너무 다용도로 살아야 했구나
너무 여러 삶을 살아냈구나

봄과 여름만이 아닌 대낮과 한밤중만이 아닌
불볕과 천둥 벼락 폭우와 서릿발과
할퀴고 물어뜯는 사랑마다 불륜까지 치닫곤 했구나
누가 역사를 춘추春秋라 했던가
불그죽죽 거무튀튀 푸르딩딩 누리끼리
땅바닥에 흩어져 뒹구는 역사책 낱장들 위에

마침내
콘서트홀이 왔다
영화관이 왔다
공연장이 왔다
이벤트가 왔다

B-boy가 왔다
절정이 왔다 비극이 왔다
눈발마저 오다가다 기웃거리는
만감 사무치는 이 늦가을의 끝장.

바다, 받아

우주의 첫 생명체가 비롯되었다는
아프로디테가 태어났다는
바다에, 밀물이 들고 있다
뜨거운 것이 짜거운 것이
뜨겁고도 쓰라리게 목젖까지 차올라
어머니! 외마디가 터져 나왔다
산에 묻힌 어머니[母]를 바다[海]에서 부르다니
하해河海 같은 어머니라고 그랬나
세상의 강물이란 강물을 다 받아 주어서
세상의 무엇이나 다 받아 주어서
아무리 받아도 넘치지 않는 바다는
천만 가지 세상 높낮이를 다 받아 주어 바다이지
천만 가지 이름으로 천만 번을 불러도
다만 바다일 뿐
눈물[氵]로 받아주는 어머니[母] 있어서
바다[海]이지.

*) 일본의 어느 시인도 '프랑스 말이여 내 어머니 속에는 바다
가 있고, 일본말이여 내 바다에는 어머니가 있다'고 썼다고
들었다

혼자 놀아요

속도 안에 들어간 적 없이
속도를 거슬린 적도 없이
속도를 벗어난 지 까마득해요

서 있는 자리에 소스라치는 문득 문득
머리가 빠개지곤 해요
머리 때문이라 머리를 던져버렸는데
어느새 어깨 위에 다시 얹혀요
최북崔北은 눈을 찌르고서야
레오나르도 다빈치는 하늘을 날다가 다리를 분지르고서야
고흐는 귀를 잘라내고서야
그림이 달라졌다지만
사람이 바뀌려면 어떻게 해야 하나
발바닥한테 묻곤 하지요
착시 환상 환각도 굳은살을 벗고 도망친
맨발바닥을 따라가다 보면
발바닥에 천둥번개가 치곤해요
발바닥마저 없어지면 어쩌나 겁나서
문득 구원받고 싶지 않아져요
고독만 한 에너지가 없으니까요
혼자 놀아요, 노는 만큼 눈물 나요.

말하지 않은 말

말하고 나면
속이 텡 비어 버릴까 봐
나 혼자만의 특수성이
보편성이 되어 버릴까 봐
숭고하고 영원할 것이
순간적인 단맛으로 전락해 버릴까 봐서
거리마다 술집마다 아우성치는 삼사 류로
오염될까 봐서
'사랑한다' 참 뜨거운 이 한마디를
입에 담지 않는 거다
참고 참아서 씨앗으로 영글어
저 돌의 심장부도 속에 고이 모셔져서
뜨거운 말씀의 사리가 되어라고.

낙엽이 낙엽에게

어느 구도構圖에서나
완벽한 예외이던 너, 그대도
찬란한 악센트이던 그, 저대도
눈부신 초점이고 싶었던 나, 이대도
··················
마찬가지였구나

시뻘겋게
싯누렇게 물든 얼룩으로
거무죽죽
푸르딩딩 썩어 파인 자국으로
땅바닥에 엎드려 죗값을 기다리는
우리 모두는
결국 아무것도 아니었구나.

인사말

겨울 내내
버티며 견디며 배겨내면서
닫고 닫았다가
입은 꽁꽁 얼어붙었다

그래도 자비하신 우연으로
다시 마주치면은
'부우헝'
한마디만 울 꺼야.

4

갈대꽃

지난여름 동안
내 청춘이 마련한
한 줄기 강물

이별의 강 언덕에는
하 그리도 흔들어 하는
손

그대
흰 손
갈대꽃은 피었어라.

가을편지

들꽃이 핀다.
나 자신의 자유와 나 자신의 절대로서
사랑하다가 죽고 싶다고
풀벌레도 외친다

내일 아침 된서리에 무너질 꽃처럼
이 밤에 울고 죽을 버러지처럼
거치른 들녘에다
깊은 밤 어둠에다
혈서血書를 쓰고 싶다.

겨울목소리

고추바람 부는 어느 밤거리
마지막 술집에서
외로운 술잔 저 홀로 기우는가

부우헝!
묵은 거미줄 함부로 쓸리며
동굴 가슴이 운다
부엉이가 운다.

엄마 딸이 더 좋아

붕어빵엔 붕어 없고
국화빵엔 국화 없네, 내가 노래하면
칼국수엔 칼이 없고
빈대떡엔 빈대 없네, 따라하는 엄마

없어서 좋은 것도 참 많겠지
내 맘에도 내 마음이 없어지면
내 속에도 내가 없어지면
그래도 엄마 딸이냐고 물었더니
엄청 깊고 넓은 큰 사람이 될 거란다
성자聖者가 될 거란다
성자보다 나는 엄마딸, 이대로가 더 좋아.

기다림을 기다린다

한때는 남북통일을
또 한때는 메시아의 재림을
어느 때는 아시아와 유럽대륙이 자리바꿈하기를
핼리 혜성도 목마르게 기다렸는데
이제는 지구의 자전방향이 바뀌기를 기다린다
지구도 반대로 돌아보고 싶을 테니까

기다린다는 건
거대한 것 아득한 것 무궁한 것을 기다린다는 것
후천개벽後天開闢을 기다린다는 것
우주의 혁신계획에 참여하고 싶다는 것

기다리지 않아도 오게 되어있는 건 기다림이 아니다
기다림에 길들여져
기다릴 게 없다는 것이 견딜 수가 없어서
이루어지기를 기다리는 게 아니라 기다림을 기다린다
위해한 허무虛無란
기다릴 게 없는데도 기다리는 것이다.

명동에서

꿈길을 밟아주던 서울에서도
명동 한복판에서
쓰린 속을 쓸어내릴
찬술 한 잔이 목마른 오후

형씨!
불 한 모금만

지나치는 낯선 사내의 라이터라도 빌려
한 모금 빨고 싶게 목마른
초로의 아낙들도
옛 명동 아가씨들.

가을안부

한 장 낙엽에다 피로 써서 묻고 싶네
그대 이 가을은 어떠하신가

얼굴에는 주름살이 늘어만 가도
마음을 구겨 접은 골 깊은 주름살들
도리어 하나씩 펴지고 있나니

그대 가을도 정녕 이러신가
서리 허연 낙엽에다
피로 써서 묻고 싶네.

성덕대왕신종

너무 깊고 너무 아픈 사연들 모아
부처님께 빌었어라
한 번 치면 서라벌이 평안했고
두 번 치면 천 리까지 평안했고
세 번 타종하면 삼천 리까지라
거기까지가 신라 땅 되었어라
금수강산으로 수繡 놓였어라
어지신 임금님의 옥음玉音이 되었어라
만백성들 어버이로 섬기었어라

끝없이 태어날 아기들을 위하여
끝없이 낳아 키울 어미들을 위하여
한 어미가 제 아기를 공양 바쳐 빌었어라
껴안고 부둥켜안고 몸부림쳐 빌었어라

에밀레~ 에밀레레! 종鐘소리 울렸어라.

필요충분조건으로

지금 눈 오신다고
북촌 친구가 문자를 주었다
빗줄기를 내다보며 나도 답을 쳤는데
금방 또 왔다

내가 사는 마을에는 씻어낼 게 많고
그의 마을에는 덮어 가릴 게 많아서라고.

춘천은 가을도 봄이지

겨울에는 불광동이
여름에는 냉천동이 생각나듯
무릉도원은 도화동에 있을 것 같고
문경에 가면 괜히 기쁜 소식이 기다릴 듯하지
추풍령은 항시 서릿발과 낙엽의 늦가을일 것만 같아

춘천春川이 그렇지
까닭도 연고도 없이 가고 싶지
얼음 풀리는 냇가에 새파란 움미나리 발돋움할 거라
녹다 만 응달 발치에 두고
마른 억새 깨벗은 나뭇가지 사이사이로
피고 있는 진달래꽃을 닮은 누가 있을 거라
왜 느닷없이 불쑥불쑥 춘천이 가고 싶어지지
가기만 하면 되는 거라
가서, 할 일은 아무것도 생각나지 않는 거라
그저, 다만 새봄 한 아름을 만날 수 있을 거라는
기대는, 몽롱한 안개 피듯 언제나 춘천 춘천이면서도
정말 가 본 적은 없지
엄두가 안 나지, 두렵지, 겁나기도 하지
봄은 산 너머 남촌 아닌 춘천에서 오지

여름날 산마루의 소나비는 이슬비로 몸 바꾸고
단풍든 산허리에 아지랑거리는 봄의 실루엣
쌓이는 낙엽 밑에는 봄나물 꽃다지 노랑웃음도 쌓이지
단풍도 꽃이 되지 귀도 눈이 되지
춘천春川이니까.

눈이 내려 녹습니다

눈이 내립니다
아잇적 찬란했던 동화마을과
첫사랑의 고백 같던 도시의 거리거리와
격렬한 투쟁의 비극 세상에서
죽음도 무릅쓴 야망의 젊은 날을
한참이나 지나와서
마침내 머리 누인 바람맞이 언덕

추위와 시장기로 허리 꺾인 갈대 같은
불거진 정강이에 마지막 손길처럼
따뜻한 눈발이 따뜻하게 내립니다

뼈마디가 소리치는 그리움에는
절반 넘는 미움의 빨간 독버섯이 돋아나서
새까맣게 자지러지고 나서야
사랑다운 사랑이 되어지는 법

정답 없는 인생을
정장만 입고 살지 말라
가다간 강 건너 불구경하는 구경꾼같이

멀찍이 물러서서 구경스럽게 봐야 한다고
진종일 타이르고 훈계해 주듯이
바람도 섞어가며 잔눈발이 내립니다

이 모두가 얼마나 허망한 것인가를
보여주며 증명하는 세월의 비늘가루가
세상 아닌 하늘에서
녹아버리기 위해 내립니다.

청양고추

엽기 충동 발작하는 염천炎天에는
청양고추를 고추장 찍어 먹어봐
불폭탄에 파죽지세로 점령당하여
눈물 콧물 땀 범벅 열렬한 환호소리
학대받는 쾌감들이 질러대는 비명소리
학대받을수록 땡기는 식욕의 아우성

10년 스트레스 단숨에 날려 버려

작을수록 매운맛은 더 매혹적이래
늦게 열린 놈일수록 더 사납데
식물성을 위장한 맹수생리래
캅사이신이란 게 의뭉해서 그렇데.

5

문병 가서

밤비에 씻긴 눈에
새벽별로 뜨지 말고
천둥번개 울고 간 기슭에
산나리 꽃대궁으로 고개 숙여 피지도 말고

꽃도 별도 아닌 이대로가 좋아요

이 모양 초라한 대로 우리
이 세상에서 자주 만나요
앓는 것도 자랑거리 삼아
우리 함께
나이만큼씩 늙어가자요.

이력서

단 한 번의 만남도
죽음과 맞먹는 무게여야 한다고
굳게 믿어 마지않던 고집불통의
순수감성시대純粹感性時代는 분명 있었다

사랑이란 마치
멸망을 위해 있어야 하는 듯이
화재火災처럼 깡그리 불타야 하는 듯이
저주보다 몸서리치는 독초의 꽃
그 열정시대熱情時代가 있었던가 내게도?

죽음을 무릅쓰자던 맹목의 야망은 좌절되어도
못 죽고 살아있어
한 겨울밤 고압선처럼 늑대울음 삭풍으로
안내의 한계와 격렬히 투쟁하던
비극시대悲劇時代도 있었던가 몰라

한여름 진초록
산불로 번지던 가을단풍도
부우옇게 희뿌우옇게 표백된 지금은 겨울 복판

밤마다 울부짖던 내 속의 맹수도
곱다시 엎드려 기도하는 성聖 안느이소서.

삼척 해변역

늦여름과 초가을은 어떻게 다른가
삼척도 해변역에 내려보면 알게 된다

역사驛舍가 따로 없어
의자도 새도 하루살이도 당당하다
구름도 역장이다
바람도 승무원이다
빗발도 내려서 잠깐 섰다가 가버린다

가까이 망상 해수욕장에는
바위도 무릎까지만 바닷물에 담궜을 뿐
물 밖이 땅이고 구름 밖이 하늘이다

땅 밖으로 가려면
여기서 내려야 한다.

섬진강 물비늘역

진안에서 출발하여 하동 거쳐 남해까지
섬진강 212Km 띠를 둘러 남도는
아는 이 모르는 이 가리지 않고
반길 때 주름결이 너무 닮은 얼굴들

두물머리 세물머리 물머리에는 때도 없이
산그늘 내려와 목욕재계하고
아지랑이 햇살 뙤약볕 노루꼬리 겨울 볕이
기뻐도 서러워도 헤픈 웃음 헤픈 눈물
달빛에 별빛에도 물비린내 바람 더불어
두런두런 사는 얘기 궁시렁거리며 바다까지라

휘둘러 물결치는 기슭이마다
물봉숭아 실배암도 싸잡아 골육지친하여
물비늘 물비린내가 너무 닮은 얼굴들하고
허리띠 질끈 두른 강변마다
섬진강 물비늘역이다.

강촌역

산이 산을 낳아 무릎에 앉혀 키우는 곳
서로들 껴안아야 하고 서로들 넘어야 하는
산이고 강이고 줄기줄기 쉬어가면서도
혼자 웃는 산유화 혼자 우는 이무기
대대로 산이 된다 강물이 된다

산이 산을 넘겨주는 고개를 넘을 적마다
산이 산을 비켜주는 여울이 흘러
눈매 어리둥절한 산짐승들이
목청이 쨍한 메아리 이웃하고
산신령 구미호 서낭신들 어깨동무하여
가끔은 윗물 아랫물 용신댁도 찾아간다
산그늘이 강물 속에 멍석 깔아놓은 저물녘에는
피라미 떼 지어 시끌벅적 오르내리는 강촌역은
산촌역 옆구리 어디에나 있다.

가을역

사랑은 떠나고 사람만 남은 철길
귀뚜라미 목청 몇 옥타브 올라갔고
밤하늘 젖은 별들 또랑또랑 영글고
바람결도 까실까실 날을 세운다

어둠으로 무르익은 여름밤 사랑아
아무것도 달라지지 않았는데
변하지 않은 것은 아무것도 없구나
보냄과 떠남을 구태여 구별 말자
네가 가지 않았다면 나를 보냈을 게다.

철길은 오늘도 따라오라고

꿈길은 언제나 철길이었다
함께 달려야 하는 사랑과 야망이었다
산머리 돌아 산속으로 숨어버리면서도
강 건너 멀어지는 안타까움으로서도
거기로 거기로 떠나야만 하는
동행同行이었다 내일來日이었다
사랑함으로써 떠나보내야만 하는
어머니와 고향의 목매어 목쉰 목청
뚜우 뚜뚜우우 기적소리가 들리는 까닭이다
아직도 가슴이 뛰며 눈물이 돌아
마냥 소년이 되고 마는 까닭이다.

산정호수역을 아시는가?

초야 치르고 입대한 신랑은 전사통지로 돌아와서
소복 입고 신행新行 온 신부는 항렬 따라 할매
우물길이 유일한 나들이 길이라
물동이 이고 지나다니던 열여덟 살짜리 풋과수댁

오지물동이 속을 조각구름이 기웃대고
바람 쫓아가던 꽃잎 풀잎들 물장구치고
거대한 폭격기 B29가 잠기어도
무겁다 하긴커녕 물 한 방울 안 흘리고
어른 아이 안 가리고 인사성도 밝은 어린 할매
신랑 얼굴은 생각도 안 나
첫날밤 얘기는 딴사람 얘기 같은데도
정수리 치받아 고이는 웬 눈물은 동이동이

소복은 울긋불긋 몸뻬로 바뀌고
갈대머리 정수리엔 물동이 호수가 깊게 패여
먹구름장 멍하니 비춰보다 가 버리면
하느님도 기가 막혀 와서 울곤 하시는
기막힌 사람들이 기막힐 때 다녀가는
산꼭대기 간이역, 산정호수역을 아시는가?

서울역, 그 이름만으로도

나 자신이면서도
나 아니게 사는 나처럼
서울이면서도 서울이 아닌 여기는
세상의 한복판이다

벌집 쑤신 듯이
팔도 목청 제 빛깔대로 잉잉거리는 여기는
바람 일고 물결 엉키는 가슴도 한가운데

뒤웅박 팔자들이 어긋목 지는 여기는
만남은 헤어짐과 떠남은 돌아옴과
동행되는 나란한 철길에서
문득 터득되는 세상살이 이치여

우리 자신이면서도
우리가 아니어야 살 수 있는 우리처럼
서울이면서도 서울이 아니어야 제구실하는
서울역은 열차역이다
이름만으로도 우리 가슴 뛰게 하는.

전설로 가는 열차

완행만 골라 타고
자며 깨며 가야 간다
콩밭 수숫대 멀뚱하니 바라보는
산모롱이 몇 번 돌아가서
오오매 여기도 마실 있어 이름도 오매실
알뜰히도 비질한 골목 안 끝 집
까만 장독대 반질반질 기미 끼이고
콧잔등이 파리똥 앉은 주근깨 아이들
열무 싹이 자라듯이 소복소복 크는 마을
삽살개한테 쫓긴 장닭
붉은 벼슬 의젓한 깃발 세우고
홰쳐 나팔울음 막 그친 방앗간 뒤란
오디 알 익어 가는 뽕나무 그늘에서
찬물에 보리밥 말아먹는 떠꺼머리총각 몰래
개다리소반 살뜰하게 차려두는
우렁각시 마을들이 아직도 있고말고.

하행선은 고향열차

10대 막바지에 타고야 말았던
희망열차는 상행선
튀지도 중뿔나지도 못해서
배울수록 까막눈, 살수록 쪼막손
뛰어 봐도 깨금발이 되고 마는
여기는 별난 세상

괄시 냉대 푸대접도 맛들이고 길들이면
설법을 앞지르는 해탈의 지름길이라지만
이젠 고마 낙동강 오리알이 그립다마다

방망이가 쓸데없는 세상이기 해도
잘생긴 홍두깨 방망이나 되고 싶어져
문경새재 물박달나무가 그립다마다
하행선을 올라타야 갈 수가 있는
너와 나와 우리들 누구나의 귀향歸鄉길이다.

간이역은 모두가 고향역이라

시력 약한 눈길은 못 봐서 지나치고
약삭빠른 발길은 볼품없다 지나친다마는
쉰 고개를 넘어오신 부르튼 맨발이여
얼마나 고단하신가

불개미 한 마리도 안 밟으려 애쓰느라
가벼운 사잇길도 힘겨웠던 삐걱정갱이 절둑걸음이여
그대 기다려 나 아직 여기 있다
인정의 간드레 불 끄지 않는다

물러앉은 3등 인생 졸음 겨운 하품질로
쉬파리 떼 왱왱거리는 고향의 푸념질로
뒷짐 진 거친 두 손, 등 굽은 고향으로
간이역이라는 한 옛날이 기다리고 있다.

유안진

연보

1941년 4월 2일 경북 안동군 길안면 용계리에 있는 외가댁에서(부 柳翼熙와 모 權戊元의 장녀로) 태어나, 임동면 박실 본가로 와서 자라다.

1948년 초등학교 입학 전에 조부로부터 千字文과 童蒙先習을 배우다가, 왕복 8km의 임동초등학교 입학, 조부의 시조 한시를 듣고, 친가와 외가의 여조들로부터 화전가, 사친가, 사우가 등의 내방가사를 듣고 흉내내며 자라다.

1957년 충남 대전여자중학교를 다니다. 대전여중 재학 중 성적이 뒤지고 사투리로 푸대접을 받아, 소월시초의 산유화에서 왜 "'갈 봄 여름 없이……'라고 계절 순서를 바꿨나?"를 질문했다가 망신당하고. 망신 준 선생님께 복수하기 위해, 시인 외에는 아무것도 안 되기로 결심하다. 영화 <해저 2만 리>에서 본 바다를 시로 써서 교지에 게재되다.

1961년 집 뒤에 대전호수돈여고를 졸업하다. 서울대학교 사범대학 교육학과에 입학하다.

1965년 대학 졸업, 현대문학 3월호에 시「달」로 고 박목월 시인의 초회 추천을 받다. 마산제일여자중고등학교 교사로 부임하다.

1966년 현대문학에 시「별」로 2회 추천받다.

1967년 대전호수돈여고 교사로 옮기다. 현대문학에 시「위로」로 3회 추천 완료하다.

1968년 대전호수돈여고를 사직하고 대학원에 진학, 교육심리학을 공부하며, 교육심리연구실에서 지능, 인성, 창의성 등 각종 심리검사 제작과 세미나 등에 참여, 학문하는 즐거움에 빠지면서 유학의 꿈이 부활하다. 여류시동인과 한국시동인에 참여하였지만, 문학전공이 아니어서 문인들과 사귈 기회가 없었다.

1970년 자비로 첫시집 『달하』를 500부 한정판으로(조광출판사) 상재. 서울대학교 교육대학원 유급조교로 선발되어 연구활동과 서울사대 서울음대 강사로 교육심리학을 강의하다.

1972년 한국교육개발원의 발족으로 연구원으로 채용되고, 제2시집 『절망시편』을 자비로 상재하다.

1973년 한국교육개발원에서 선발된 유학생으로 미국 Florida State의 Tallahassee 소재의 Florida State University에 유학 박사학위를 취득, 유학 중 우리 민속의 가치에 눈 뜨이다.

1975년, 김윤태와 결혼하고 귀국하다

1975년 아들 相均을 낳다. 한국교육개발원 책임연구원으로 의무기한 3년을 근무하다.

1976년 문예진흥원지원으로 제3시집 『물로 바람으로』를 심상사에서 상재하다.

1977년 딸 紋廷을 낳다. 우리 민속에 심취, 아동양육과 교육, 여성 민속자료 수집하여 신문 사보 잡지 등에 연재하다. 내 시의 큰 스승 조부(자 採洙, 호 東敎) 님의 귀향과 별세, 그리고 임하댐 건설로 고향 마을의 수몰 결정에 충격 받다.

1978년 제4시집 『날개옷』을 문학예술사에서 상재하다. 유학의 빚인 3년의 의무복무를 마치다.

1979년 단국대학교 교수로 부임하다. 문음사의 창업으로 첫 수필집 상재하다.

1980년 제5시집 『그리스도 옛 애인』을 심상사에서 상재하다. 시인 허영자 교수와 재외 한글학교교육연구비를 받아, 처음 미·영·불·독·스위스를 연구차 여행하다. 이향아 씨, 신달자 씨 등과 『문채』 3인동인지를 만들어, 10집까지 출판하다.

1981년 제1차 연구보고서로 『한국전통사회의 유아교육』 『전통사회의 아동놀이』를 정민사에서 상재하다. <선조들은 우리를 이렇게 키웠다>를 조선일보에 연재하다. 이 연구 업적이 독보적 학문영역으로 인정받아, 서울대학교 생활과학대학 아동가족학과 교수로 채용되어 발달심리학, 한국전통유아교육, 부모교육 등 아동학강의를 담당하다. 이후 몇 년 동안 한국방송통신대학이 서울대와 결연되어, 전공교재 및 방송대학 관련 교재 여러 권을 집필하느라 시와 멀어졌다.

1985년 제6시집 『달빛에 젖은 가락』을 서울사대동문인 김원호 시인의 예전사에서 상재하다

수필집 『우리를 영원케 하는 것은』과 시선집 『꿈꾸는 손금』을 현대문학사에서 출간하다.

1987년 수필집 『그리운 말 한마디』를 고려원에서 출간되다.

1988년 제7시집 『영원한 느낌표』를 현대문학사에서 상재하다. 시선집 『멀리있기』를 혜원출판사에서 출간되다.

1989년 시선집 『남산길』을 자유문학사에서 『나그네 달빛』을 신원문화사에서 출간되다.
문학사상 시인선집 『풍각쟁이 춤』을 문학사상사에서 상재하다. ≪문학사상≫에 자전에세이 『내 영혼의 상처를 찾아서』를 연재 후 단행본으로 출간되다.

1990년 제8시집 『월령가 쑥대머리』를 문학사상사에서 상재하다. 시선집 『그리움을 위하여』를 자유문학사에서 출간되다.

1991년 한국대표시인100인 선집 중 69번으로 『빈가슴을 채울 한마디 말』을 미래사에서 출간되다. ≪문학사상≫에서 민속장편서사시(소설) 「바람꽃은 시들지 않는다」를 연재 후 단행본으로 출간, KBS의 대하드라마화되다. 수필집 『한국여성:우리는 누구인가 (상, 하)』가 출간되다.

1992년 계간 ≪문예≫에 민속장편 「다시 우는 새」가 연재 후 단행본으로 출간되다.

1993년 제9시집 『구름의 딸이요 바람의 연인이어라』를 시와시학사에서 상재하다.

민속 장편서사시(소설)『땡삐 ; 1, 2, 3, 4권』을 자유문학사에서 출간되다.
수필집『축복을 웃도는 것』이 샘터사에서 출간되다.

1996년 제9시집으로 한국펜문학상 수상하다.

1997년 제10시집『누이』를 상재하다.

1998년「세상도 가는 길」로 정지용문학상 수상하다.

2000년 11권째 시집『봄비 한 주머니』를 상재, 이 시집으로 월탄문학상을 수상하다. 한국문학번역원 지원으로 시집『봄비 한 주머니』가 중국어로 번역 중국에서『春雨 一袋子』로 상재되다.

2002년 속요집『딸아딸아 연지딸아』가 출간되다.

2003년 2002년 9월부터 2003년 3월까지 월간 ≪현대시학≫에 모국어 관련 민속을 연재 후『옛날 옛날에, 오늘 오늘에』로 아침이슬사에서 출간되다.

2004년 12번째 시집『다보탑을 줍다』를 상재, 이 작품집으로 소월문학상 특별상을 받다.

2006년 2월 말로 정년 1년을 앞두고 직장 서울대학교를 자퇴, 명예교수가 되다.

2008년 13번째 시집『거짓말로 참말하기』를 상재하다.

2009년 14권째 시집『알고考』를 상재하다.
「거짓말로 참말하기」로 이형기문학상 수상하다.
유심작품상 수상하다.

2010년 「거짓말로 참말하기」로 구상문학상 수상하다.
　　　　 수필선집 『지란지교를 꿈꾸며』를 출간하다.
2011년 영역시집 『There Remain Words To Say』, 박찬응
　　　　 교역(안선재 교수 감수) 오하이오주립대학교 출판부,
　　　　 오하이오주립대학교 동아시아학부 한국문학 교재용.
　　　　 제15시집 『둥근 세모꼴』을 상재하다.
2012년 제16시집 『걸어서 에덴까지』를 상재하다.
　　　　 한국시인협회상을 수상하다.
　　　　 대한민국예술원 회원이 되다.
2013년 윤동주문학상을 수상하다.

이상의 신작시집 13권 외에 학문연구서와 기타 저서로는

『한국전통아동놀이』 서울:정민사,1981
『인간발달신강』 서울:문음사,1983
『한국전통아동심리요법』 서울:일지사,1985
『한국전통사회의 육아방식』 서울:서울대학교출판부,1988
『한국 전통사회의 유아교육』 서울:서울대학교출판부,1991
이 저서로 제2회 한국간행물윤리위원회상 수상.
이들 연구서로 국비유학의 심리적 빚을 갚았다고 자위함.
『아동발달의 이해』 서울:문음사,1999

이외에 『유아교육론』 『아동환경론』 『부모교육론』 등 다수의 단행본과 공저 등의 학술서와 학술논문 다수를 국내외 학술지에 발표하다.

〖한국대표명시선100〗을 펴내며

　한국 현대시 100년의 금자탑은 장엄하다. 오랜 역사와 더불어 꽃피워온 얼·말·글의 새벽을 열었고 외세의 침략으로 역경과 수난 속에서도 모국어의 활화산은 더욱 불길을 뿜어 세계문학 속에 한국시의 참모습을 드러내게 되었다.
　이 나라는 글의 나라였고 이 겨레는 시의 겨레였다. 글로 사직을 지키고 시로 살림하며 노래로 산과 물을 감싸왔다. 오늘 높아져 가는 겨레의 위상과 자존의 바탕에도 모국어의 위대한 용암이 들끓고 있음이다.
　이제 우리는 이 땅의 시인들이 척박한 시대를 피땀으로 경작해온 풍성한 시의 수확을 먼 미래의 자손들에게까지 누리고 살 양식으로 공급하는 곳간을 여는 일에 나서야 할 때임을 깨닫고 서두르는 것이다.
　일찍이 만해는 「님의 침묵」으로 빼앗긴 나라를 되찾고 잃어가는 민족정신을 일으켜 세우는 밑거름으로 삼았으며 그 기름의 뜻은 높은 뫼로 솟아오르고 너른 바다로 뻗어나가고 있다.
　만해가 시를 최초로 활자화한 것은 옥중시 「무궁화를 심고자」(《개벽》 27호 1922.9)였다. 만해사상실천선양회는 그 아흔 돌을 맞아 만해의 시정신을 기리는 일의 하나로 '한국대표명시선100'을 펴내게 된 것이다.
　이로써 시인들은 더욱 붓을 가다듬어 후세에 길이 남을 명편들을 낳는 일에 나서게 될 것이고, 이 겨레는 이 크나큰 모국어의 축복을 길이 가슴에 새겨나갈 것이다.

만해사상실천선양회

한국대표명시선100 | 유안진

나는 내가 낳는다

1판1쇄 발행 2013년 1월 29일
1판2쇄 발행 2014년 1월 22일

지 은 이 유안진
뽑 은 이 만해사상실천선양회
펴 낸 이 이창섭
펴 낸 곳 시인생각
등록번호 제2012-000007호(2012.7.6)
주   소 경기도 고양시 일산동구 호수로 688. A-419호
          ㉾410-905
전   화 070-7653-5222 / 050-5552-2222
팩   스 (031)812-5121
이 메 일 lkb4000@hanmail.net

값 6,000원

ⓒ 유안진, 2013

ISBN 978-89-98047-16-0 03810

* 저자와의 협의에 의하여 인지를 생략합니다.
* 이 책의 저작권은 저자와 시인생각에 있습니다.
* 잘못된 책은 책을 구입하신 서점에서 교환하여 드립니다.

※ 이 책은 만해사상실천선양회의 지원으로 간행되었습니다.